I0461991

# Introducción a la Técnica
# Del Perfil Criminológico

## José M. Mosquera

Hablar hoy en día, explicar y hacer Defensa Policial y Personal, es elucubrar magníficamente en una serie de razones que varían según la sociedad, y la propia persona.

Muchas veces lo he comentado con el Maestro Coello, y el Maestro Morales.

Hay varias diferencias en la Defensa Personal; la militar y la Policial.

Por motivos de legalidad y Derecho, el policía, no puede "oficialmente", a veces lo hace, golpear, debe inmovilizar dejando para ello pocas lesiones y sufrimiento, porque el policía o agente de seguridad, no es JUEZ, es un instrumento de seguridad y garante de un proceso jurídico, que llevará si la JUSTICIA lo quiere, al culpable a "pagar a la sociedad", lo que la judicatura en Derecho, así solicite y JUZGUE.

Para mí es un HONOR, más un PRIVILEGIO, formar parte de la SHOU ROU JING, y de esta INSTITUCIÓN, que sabe a diferencia de otras dar una realidad a lo que es la DEFENSA POLICIAL Y DE SEGURIDAD PRIVADA

**Prof. Dr. JOSE M. MOSQUERA**

*PERITO FORENSE JUDICIAL EN CRIMINOLOGÍA Y CONTRAINTELIGENCIA*

Bienvenidos a esta primera edición.

Como saben la defensa policial Shou Rou Jing,está basada en técnicas defensivas y de reacción que están ajustadas a las normas legales en vigencia, en el libro se hablarán de cosas que os servirán como guía, es la introducción a la técnica del perfil criminológico, todo es acorde a las exigencias sociales y jurídicas, las técnicas policiales se nutren de las artes marciales pero con procedimientos policiales pedagógicos, el libro será como una herramienta de trabajo eficaz dentro del marco legal.

Quiero desde estas líneas agradecer a todos los afiliados, ejecutivos y colaboradores su gran esfuerzo y confianza, pero en especial por su dedicación al maestro José Coello, maestro Salvador Múgica, maestro Javier Blázquez, maestro Eugenio Ballesteros y al maestro José Manuel Mosquera que gracias a los grandes conocimientos que atesora en su dilatada vida hará posible que este libro pueda ver la luz y pueda servir a todo aquel que lo desee.

Un saludo

**Jesús Morales**
*PRESIDENTE*
*Federación SHOU ROU JING*

La Defensa Personal es una disciplina muy comentada en círculos profesionales, al igual que la Policial, y aunque hay grandes expertos, sobre todo en la realización técnica, es cierto que necesitamos un profundo estudio de la legislación general y particular que regula cada aspecto de la misma.

Este libro-temario, servirá de índice y base a algunos criterios del "profiling" delictivo.

**José Coello**
*Director SHOU ROU JING - POLICIAL*

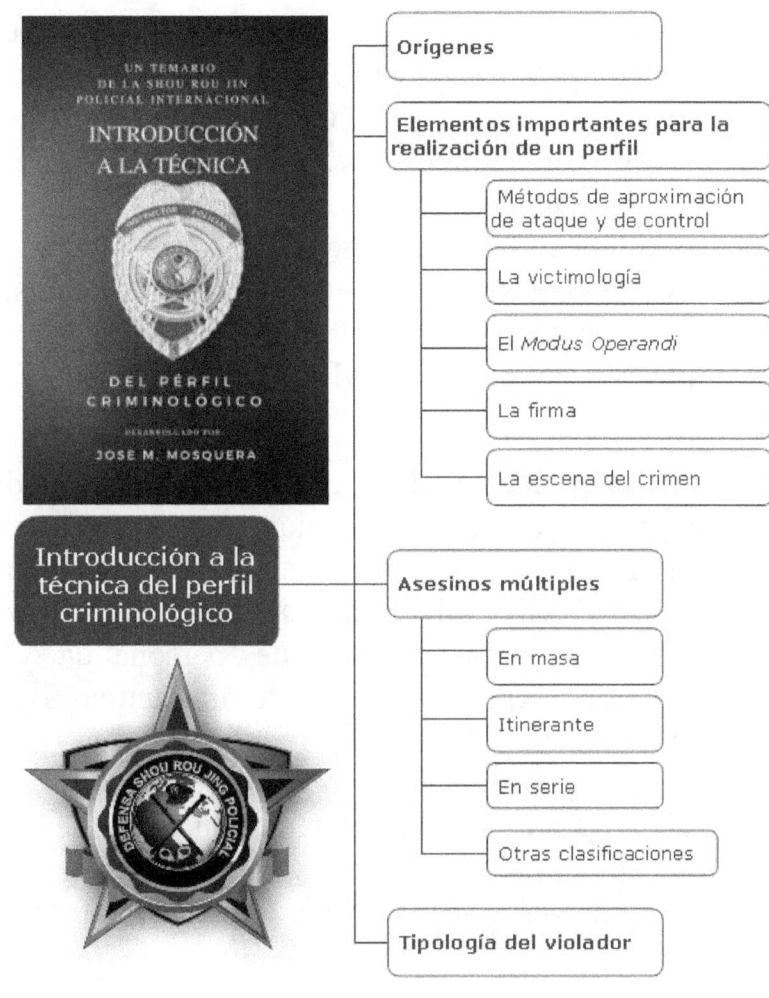

Gracias a la oportunidad en seguridad en el Departamento Policial Internacional de la Federación Shou Rou Jing, que me ha dado la ocasión, creo importante, de conocer las leyes y las diferentes técnicas, vinculadas a la investigación de perfiles criminológicos. Con ello presentamos el primer temario, bajo la supervisión de los Maestros Jesús Morales, José Coello, y el que esto suscribe; José M. Mosquera.

El perfil criminológico (profiling) podría definirse como la técnica de investigación criminológica mediante la cual pueden llegar a identificarse y determinarse las principales y distintivas características de personalidad, de relación social y de comportamiento de determinados delincuentes , basándose en las evidencias observables en el crimen, o la serie de crímenes que se han cometido, en la forma en la que se han llevado a cabo, y en el estudio de los diferentes escenarios en los que éstos han tenido lugar.

El objetivo principal de esta técnica es colaborar en la investigación de determinados delitos, aportando información de utilidad a la policía para la captura de un delincuente desconocido. Así mismo intenta separar a los delincuentes de la población general, por lo que se constituye en uno o más de los instrumentos del proceso de la identificación individual de los mismos.

No obstante, debemos aclarar que no se encamina a señalar a una persona en concreto o determinar una identidad específica, sino a sugerir qué tipo de persona es la que más probablemente puede ser la autora de un delito o serie de ellos, lo que puede permitir encaminar la investigación hacia determinados sospechosos o centrarla en unos esfuerzos y no en otros.

Esta técnica es eficaz en casos donde el autor desconocido muestra indicios de psicopatología, el gran problema de la Seguridad y de la Defensa Personal hoy en día, y también de la Seguridad Policial.

Pero también sería adecuada en delitos como el asesinato en serie, la violación, el abuso sexual de niños, la piromanía, los asesinatos y conductas rituales.

También en los robos de banco, especialmente en la toma de rehenes (Reiser, 1982).

Para proteger la vida de los rehenes, la policía necesita aprender cuanto sea posible sobre el secuestrador.

El contacto verbal (aunque muchas veces sea limitado) con el delincuente y, si puede ser, el contacto con su familia y amigos, es de gran ayuda para la Policía porque, a través de este contacto, deben evaluar al sujeto en el sentido de poder predecir su línea de acción más probable y sus reacciones ante varios estímulos. De la misma manera, se ha empleado con autores de cartas anónimas (Casey-Owens, 1984) y con personas que realizan amenazas violentas por escrito o verbalmente (Miron y Douglas, 1979). El uso de las palabras de la amenaza se compara con el uso de estas palabras en el habla y la escritura normales.

## Objetivos de este Temario.

Introducir al alumno en la técnica del perfil criminológico.

Iniciarse en el conocimiento del estudio de la escena del crimen desde el punto de vista comportamental, así como en el estudio y análisis del modus operandi y la firma del agresor, características de la víctima y sobre todo características de los agresores,

violadores y delincuentes múltiples y seriales.

Conocer el funcionamiento y características de las sectas satánicas, así como las posibles alteraciones en la escena del crimen y su dinámica.

Familiarizarse con la conducta criminal y la mentalidad de diversos tipos de delincuentes.

Porque la Defensa Personal, tiene su base en la Seguridad, y el pilar fundamental, es prevenir.

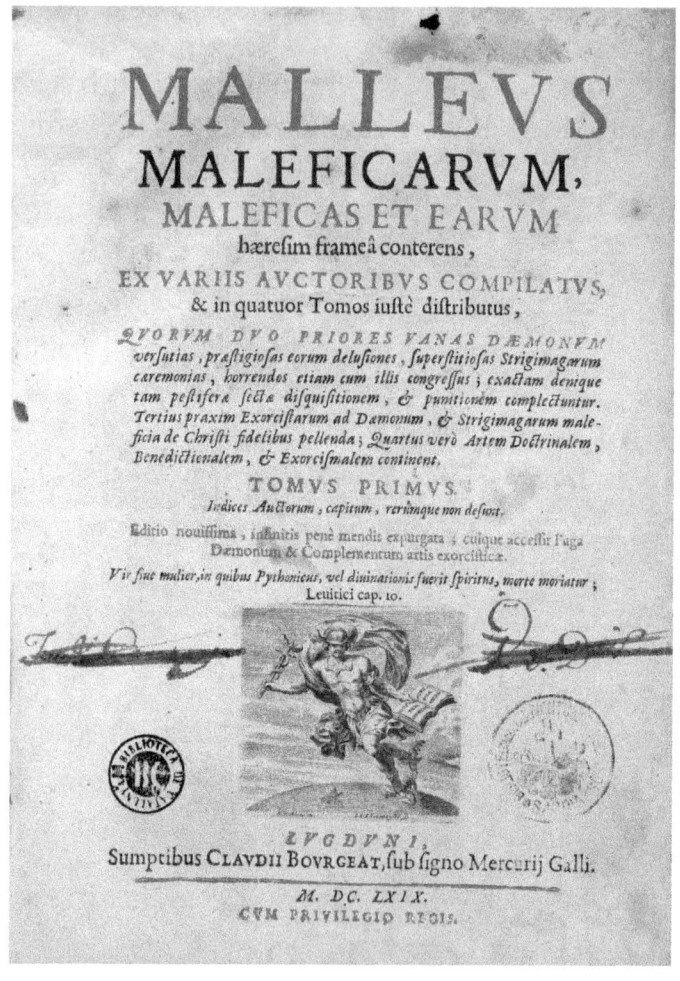

## Orígenes.-

El más famoso de todos los libros sobre brujería, Malleus Maleficarum El martillo de las brujas, fue escrito en 1486 por dos monjes dominicos. Inmediatamente, y a lo largo de los tres siglos siguientes, se convirtió en el manual indispensable y la autoridad final para la Inquisición, para todos los jueces, magistrados y sacerdotes, católicos y protestantes, en la lucha contra la brujería en Europa. Utilizaban la técnica del perfil pero al contrario.

Describían las características de las brujas y quien coincidía con ese perfil era detenido. Esto llevó a situaciones de extrema injusticia y arbitrariedad durante siglos.

Motivado por los crímenes de Jack el Destripador, el coronel Wyne E. Baxter pidió al doctor Thomas Bond que le esbozara una impresión personal sobre quién podría estar tras las muertes de Whitechapel. El forense le respondió creando la primera perfilación criminal conocida de la historia:

> *"El asesino en su apariencia externa es muy probable que sea de aspecto inofensivo. Un hombre de mediana edad, bien arreglado y de aire respetable. Puede tener el hábito de llevar capa o abrigo, porque, si no, la sangre de sus manos y ropas hubiera llamado la atención a los viandantes."*

El primer caso publicado que se puede considerar un ejercicio de perfil de un delincuente desconocido lo protagonizó un psiquiatra, el doctor James Brussel, con la ayuda de George Metesky, al que la prensa de la época le dio el llamativo apodo de Mad Bomber (el loco de las bombas). Entre los años 40 y 50 del siglo XX puso al menos 37 bombas en estaciones de trenes y cines de la ciudad de Nueva York. Brussel determinó que, entre otras características, el sospechoso era un varón eslavo, católico-romano, vivía en Connecticut, padecía de paranoia, tenía conocimientos de electricidad, metalurgia y fontanería, tenía una buena educación, era soltero y lo que más conmocionó al público de la época: vestía un traje cruzado de tres piezas con un chaleco abotonado.

Cuando finalmente fue capturado George Metesky, en 1957, se comprobó que el perfil había sido extraordinariamente preciso (sin embargo, anota Turvey con cierta malicia, el Mad Bomber estaba en pijama cuando fue capturado a las doce de la noche, y no llevaba el famoso traje de tres piezas; pero –reflexionamos nosotros— si estaba en pijama por la hora intempestiva en la que se presentó la policía, ¿cómo iba a llevarlo?

Lo cierto es que, si hemos de hacer caso al Dr. Brussel, quien escribió sobre este caso y otros en un libro célebre de 1968: "cuando regresó de su habitación vestido, sí lo llevaba".

Otro caso donde fue requerido el apoyo de los perfiladores fue el del Estrangulador de Boston, quien mató entre 1962 y 1964 a 13 mujeres en esa ciudad.

Para este suceso, sin embargo, se optó por crear un "equipo de perfiladores", compuesto por un psiquiatra, un ginecólogo, un antropólogo y otros profesionales. La conclusión de este peculiar comité fue que los asesinatos sexuales eran obra de dos delincuentes diferentes, debido a que había dos grupos de mujeres claramente diferenciadas: uno compuesto de mujeres jóvenes, y otro compuesto de mujeres más mayores, y al hecho de que ambos tipos de víctimas parecían relacionarse con diferentes necesidades psicológicas expresadas en los crímenes.

El comité opinó que las mujeres mayores estaban siendo estranguladas y asesinadas por un hombre que fue criado por una madre seductora y dominante, que él era incapaz de expresar el odio que sentía hacia ella y que, como resultado, desplazaba esa ira hacia otras mujeres. El sospechoso vivía solo, y si fuera capaz de imponerse sobre su madre dominante, no tendría problemas para expresar amor como una persona normal. También opinaba el comité que el asesino de las mujeres jóvenes era un hombre homosexual, probablemente alguien conocido de las víctimas (Turvey, 2001).

El Dr. Brussel –quién también fue llamado a opinar- no estuvo de acuerdo con ese perfil, ya que pensaba que el asesino era el mismo en todos los casos. Sin embargo, en abril de 1964, cuando se requirió la colaboración del psiquiatra, los crímenes ya hacía tres meses que habían parado, con lo que el comité fue disuelto. En noviembre de 1964 Albert De Salvo fue capturado, acusado de otros crímenes, y confesó ser el estrangulador.

A finales de los años 70, los agentes del FBI Robert K.Ressler, John Douglas y Roy Hazelwood, empiezan a analizar el comportamiento de asesinos y violadores seriales, llevando a cabo un estudio con entrevistas a más de 36 asesinos (25 de los cuales eran seriales), tratando de averiguar las claves de sus modus operandi, sus motivaciones y las circunstancias de sus vidas que podrían haber facilitado sus violentas carreras criminales.

Se creó la Unidad de Ciencias del Comportamiento y con ella, el empleo de lo que hoy conocemos como la técnica del perfil criminológico.

## Métodos de aproximación, de ataque y de control

A. *Métodos de aproximación*

El método de aproximación se refiere a la estrategia del delincuente para acercarse a la víctima. Con frecuencia se describe como sorpresa, engaño, o aproximación relámpago o súbita (Burguess y Hazelwood, 1995). Estos métodos de aproximación no son mutuamente excluyentes.

Sorpresa

El Sujeto Desconocido (SUDES) se acerca a la víctima esperando que se encuentre en un momento vulnerable. Esto puede hacerse esperando a una víctima en un lugar en concreto que corresponde con la rutina de ella, lo que sugiere algún tipo de preselección (Burguess y Hazewood, 1995, p. 143). Pero también puede significar aproximarse a la víctima cuando está distraída, preocupada o dormida. Este término describe únicamente el método de aproximación, no incluye el método de ataque.

Engaño

El método de aproximación con engaño consiste en que el agresor se aproxime a la víctima empleando alguna estratagema o engaño, el cual puede ser elaborado (ganando su confianza), o sencillo, como distraer su atención durante unos instantes.

Aproximación "relámpago" o súbita (Blitz Approach)

De acuerdo con los agentes del FBI Burguess y Hazewoold (1995, pp. 142-143), una aproximación súbita tiene lugar cuando el SUDES se acerca a la víctima e inicia de inmediato su ataque. La intención del agresor es la de privar a la víctima de cualquier reacción para defenderse, y de esta forma obtener el control total de la situación. El problema que tiene esta definición es que realmente se refiere a un método de ataque, y no tanto de aproximación. Turvey, en su libro Criminal Profiling, considera que el concepto del método de aproximación relámpago o aproximación de forma súbita, es difícil de imaginar sin el elemento rapidez, y es de la opinión de que el término blitz describe únicamente el ataque, y no el método de aproximación del agresor. El ataque relámpago o súbito incluye el acecho que el agresor hace a la víctima (aproximación por sorpresa), especialmente en casos donde la víctima ha sido preseleccionada.

B. Métodos de ataque

Este término se refiere al mecanismo que emplea el SUDES para dominar inicialmente a la víctima, una vez ha ejecutado la aproximación. Algunos ejemplos son:

Las amenazas verbales de empleo de fuerza letal ("haz lo que te digo o te mataré").

Órdenes verbales de amenaza de empleo de un arma, como pistola o cuchillo ("haz lo que digo o te disparo").

Ataque relámpago o súbito desde detrás, con empleo de un cuchillo, una barra de hierro puesta en el cuello, golpear con objetos contundentes, etc.

Órdenes verbales, controlando a la víctima con un cuchillo ("tengo un cuchillo en la espalda, haz las cosas exactamente como te digo").

C. Métodos de control

Los métodos de control de un agresor lo constituyen aquellos medios que se utilizan para manipular, contener y dominar la conducta de la víctima durante el ataque. La diferencia con respecto al método de ataque es que aquí se presta principal atención a lo que hace el SUDES para lograr la definitiva rendición de la víctima, a lo largo del tiempo que dura el hecho criminal. En cambio, el método de ataque se refiere al control inicial, al sistema con que, al comienzo, el agresor ataca a la víctima.

*Fuerza orientada al control*

- Empleo de esposas.

- Intimidar a una víctima que no colabora.

- Golpear a una víctima que se resiste.

- La utilización de una mordaza para acallar a la víctima en su actividad verbal.

- Empleo de ligaduras para asegurar y garantizar que el cuerpo de la víctima no se mueva.

*Amenaza verbal de emplear fuerza de control, castigo, muerte o agresión sexual*

- "Haz eso otra vez y te mataré".

- "Haz lo que te digo o te pondré esto en el culo".

- "Continúa caminando o te arrepentirás de esto".

- "Deja de moverte o ataré tus manos detrás de tu espalda".

*Presencia del método físico de agresión*

- Presencia de una pistola, cuchillo u otra arma propiamente dicha.

- Una barra de hierro (u otra arma con fuerza contundente).

- La intimidación física en virtud del tamaño del agresor.

- Presencia de esposas.

## La Victimología

La Victimología es el estudio de la víctima. Es un término general que incluye víctimas de distintas circunstancias, como los accidentes, crímenes y desastres naturales. Sin embargo, a los efectos de este curso, que se concentra en las víctimas de la delincuencia, el término víctima se referirá a las personas que hayan sufrido daños, lesiones, pérdidas o la muerte (Turvey, 2001).

### Contenido complementario 1

Ted Bundy, considerado el psicópata asesino en serie más inteligente, se sintió particularmente atraído por chicas jóvenes universitarias, con el pelo largo y raya en el medio. Además, la mayoría de sus víctimas tenían el pelo oscuro; Laura Aime y Susan Rancourt fueron excepciones.

La víctima es un elemento esencial para la realización de un perfil criminológico, ya que es la última persona en presenciar el crimen. Si consigue sobrevivir, la información que puede aportar es de vital importancia; si muere, serán las evidencias de la escena del crimen las que tendrán que contarnos la historia.

Por ello, el experto perfilador deberá recopilar todos los datos e investigar todo lo que pueda acerca de la víctima, debido a la importancia que tiene en el proceso de profiling (Holmes y Holmes, 2002).

## Elementos del perfil de la víctima (Holmes y Holmes, 2002)

*a. Rasgos físicos*

Quizás la descripción de los rasgos físicos de la víctima sea el elemento más obvio dentro del proceso de profiling, pero su importancia no puede desestimarse. La edad, por ejemplo, puede ser un factor crítico para la selección de la víctima.

*b. Estado civil y relaciones afectivas*

Es fundamental conocer tanta información como sea posible sobre el estado sentimental de la víctima. La víctima puede estar casada o soltera, divorciada o viuda, pero esa descripción necesita rellenarse de contenido; las relaciones afectivas son un camino natural de todas las investigaciones policiales, porque el círculo de conocidos es un lugar donde habitualmente moran los que son responsables de algún crimen. Saber separar lo que dice la gente de los verdaderos afectos, del tipo de ambiente que se respiraba realmente entre las personas concernidas, es muy relevante (Garrido, 2008).

### c. Estilo de vida

Las actividades diarias de la víctima proporcionan información importante sobre su personalidad. Cuáles eran sus hobbies, qué deportes le interesaban, si consumía drogas y/o alcohol, frecuentaba bares, etc. o si hubo algún cambio en su comportamiento, son datos que nos pueden servir como indicadores de qué tipo de personas se relacionaban con la víctima. Asimismo nos orientarán sobre dónde obtener información.

### d. Ocupación

El empleo y ocupación de la víctima amplía su red de relaciones. El número de personas con las que se relaciona en el trabajo, no solo a nivel profesional sino también personal, puede ser bastante amplio. Por ello, se debe realizar un examen cuidadoso de las personas que más contacto han tenido con la víctima en este ámbito. Por otro lado, el investigador no debe ignorar (en su caso) los anteriores empleos de la víctima porque, también creó una red de amigos, enemigos o conocidos.

## e. Educación

Es importante tener en cuenta no sólo el nivel de educación de la víctima, sino también las diferentes escuelas o universidades donde asistieron. Ted Bundy, por ejemplo, fue compañero de clase de psicología de la que luego sería una de sus primeras víctimas, Lynda Ann Healy. La inteligencia de la víctima puede servir como un indicador del tipo de personas con las que se suele relacionar, ya sea social, laboral o afectivamente. En otras palabras, la gente muy inteligente se asocia, a menudo, con los de igual inteligencia. Este hecho puede ser especialmente importante cuando el ataque se produce en el entorno de la educación y fuera de la casa.

## f. Datos del vecindario

La ubicación de la casa de la víctima puede jugar un papel importan en la forma en que se atacó a la víctima. Como sabemos, las zonas marginadas suelen tener un alto índice de criminalidad. Las residencias anteriores nos aportan información valiosa sobre el modelo de vivienda de la víctima. Asimismo, los vecinos y los amigos pueden facilitar su valoración respecto al estilo de vida de la víctima y su círculo de amigos. En definitiva, el perfilador debe ser consciente de la complejidad del vecindario, su composición racial, índice de delitos, etc., así comprenderá mejor el hecho investigado.

## g. Historia médica

Obviamente, es beneficioso para la investigación conocer la historia clínica de la víctima, ya que se podría tener la presencia de enfermedades de transmisión, tales como enfermedades venéreas. En una entrevista se dijo que una de las primeras víctimas de Ted Bundy tenía gonorrea. Él dio negativo en el test para reconocer esta enfermedad social. Por otro lado, los registros dentales de una víctima fallecida podrían conducir a la identificación del cadáver, sobre todo si hay un avanzado estado de descomposición. También se trata de considerar cualquier afección psicológica, además de física, que permita entender mejor su vida y el tipo de personas con las que se relacionaba. Hay que tener especial cuidado en considerar miedos irracionales, fobias y otros desórdenes de personalidad, que pueden ayudar sobremanera a construir el perfil de la víctima.

### h. Historia psicosexual

Todas las personas tienen algunos miedos, algunas personas tienen más que otros, pero todos tenemos ciertos miedos irracionales, como las alturas, los ascensores, los espacios abiertos, etc. Una lista de estos temores realizada por amigos, parientes y conocidos de la víctima pueden ayudar al investigador a conocer mejor su personalidad. Su historia sexual también es importante, ya que nos aportará información sobre sus relaciones sociales y el tipo de prácticas que tenía.

*i. Historia judicial*

Tan importante es comprender qué clase de persona era la víctima, como analizar las experiencias que la misma haya podido tener con el sistema de justicia penal. Esta información es importante no sólo por los conocidos con los que pueda llegarse a relacionar, sino porque nos dice mucho sobre su personalidad y su estilo de vida. Por esta razón, el investigador debe ser consciente de los últimos registros de detención, ante el tribunal (ya sea como agresor, víctima o testigo), y los casos que pueda tener pendientes. En la adquisición de esta información, el perfilador tendrá un retrato más completo de la víctima.

*j. Últimas actividades*

En el desarrollo de cualquier perfil criminológico se debe prestar especial atención a las actividades desarrolladas por la víctima antes del suceso. Los viajes, las actividades sociales, las llamadas telefónicas, las reuniones que ha tenido o a las que ha faltado, en definitiva se debe tener en cuenta cualquier cosa que esté fuera de lo común del patrón habitual de la rutina de la víctima. En otras palabras ¿hizo algo la víctima antes del ataque que pudiera aumentar su vulnerabilidad o poner al agresor en alerta?

## El riesgo de la víctima

El riesgo de la víctima es la probabilidad de recibir una agresión, tal y como la percibe el investigador; como tal percepción se trata de algo subjetivo, y por ello se debe prestar atención a un estudio completo de la víctima, ya que esto tiende a evitar sesgos muy notables en esa percepción. Este riesgo puede ser categorizado en términos de estilo de vida y en términos del incidente.

### a. Riesgo del estilo de vida

Este término es inclusivo, significando los hábitos, actividades y circunstancias que pueden facilitar recibir una agresión criminal. Los rasgos de personalidad de la víctima tienen una influencia, lógicamente, en cómo se comporta habitualmente. Estos elementos deben ser evaluados en el contexto del caso particular, atendiendo siempre a la edad, historial y las posibles experiencias de haber sido con anterioridad víctima del delito.

### b. Riesgo del incidente

Aquí nos referimos al riesgo presente en el momento en que el delincuente posee el control de la víctima, en virtud del estado mental de ésta y los avatares del ambiente inmediato. Dicho de otro modo, una víctima puede tener un estilo de vida de bajo riesgo, pero, en determinados momentos, situarse en unas circunstancias que hacen más probable su victimización. Por ejemplo, una chica que normalmente no camina sola por lugares con poca iluminación porque va en coche o porque va acompañada de amigos/as, pero una noche determinada ha bebido unas copas y además se le estropea el vehículo, la única forma que tiene de llegar a casa es caminar por esos sitios sola porque todos sus amigos/as se han ido a dormir. Algunos de los elementos más habituales del riesgo del incidente pueden ser (Turvey, 2002):

**Estilo de vida:** Tratado anteriormente, debe ser establecido para situar el incidente en contexto, y comenzar a establecer el estado mental de la víctima.

**Estado mental de la víctima:** El estado mental de la víctima, antes, durante y después de la agresión, tal y como se pone de manifiesto por patrones convergentes de conducta y las declaraciones de los testigos. Un estado emocional agitado o perturbado es un elemento de riesgo. Además, una víctima actuará de modo diferente si se siente segura en un lugar determinado.

**Momento de la ocurrencia del incidente:** Ciertos momentos del día suponen mayor riesgo que otros, pero ello depende mucho del lugar del incidente, ya que afecta, por ejemplo, a la luminosidad existente o a la gente que pueda estar presente.

**Lugar:** Ciertos ambientes tienen una mayor prevalencia de actividad criminal, otros están muy aislados, etc. Es uno de los principales factores de vulnerabilidad de la víctima.

**Número de víctimas**: Es cierta la frase que dice que en compañía uno está más protegido, entendiendo por esto "buena compañía": de lo contrario el riesgo se incrementa.

**Uso de alcohol y drogas:** El uso de sustancias puede disminuir la capacidad de reaccionar de la víctima, así como de percibir las señales de peligro, lo que aumenta en gran medida su nivel de riesgo.

Estos factores, como en el caso anterior, han de ser evaluados en el contexto de todo el caso, y desde luego no puede tomarse uno de ellos de forma aislada para considerar el nivel de riesgo de la víctima.

## El Modus Operandi

Modus Operandi (en adelante MO) es un término latino que significa método de operación. Se refiere a la manera en la que se ha cometido un crimen (Gross, 1924, p. 478).

### Contenido complementario 2

El MO de un criminal lo constituyen sus elecciones y conductas por las que pretende consumar un delito y refleja cómo se comete un delito. Es diferente de la firma del criminal, que nos informa del porqué comete el delito (Turvey, 2001).

Para el perfilador, el MO puede proporcionar mucha información acerca de elecciones, procedimientos o técnicas que son características de:

- Una disciplina particular, oficio, habilidad, profesión o área de conocimiento, ya sea criminal o no.

- Un conocimiento particular de la víctima, lo que sugiere contacto con ella o con una relación anterior.

- Conocimiento particular de la escena del crimen, sugiriendo diferentes niveles de conocimiento.

El MO del SUDES se compone de conductas aprendidas que pueden evolucionar y desarrollarse con el tiempo. Se podrá refinar, conforme el agresor tenga más experiencia, más sofisticación y más seguridad. Pero también podrá perder facultades, siendo menos competente y hábil con el tiempo, debido a un deterioro del estado mental, o el aumento del uso de sustancias, como el alcohol y las drogas (Turvey, 2001). En cualquier caso, el MO tiene una clara naturaleza funcional. Sirve para una o varias de estas tres metas criminales:

a. Proteger la identidad del agresor (llevando una máscara durante el robo a un banco, cubriendo los ojos de la víctima durante su violación, matando a los posibles testigos del hecho criminal, etc.)

b. Consumar con éxito la agresión (utilizando una mordaza para silenciar a la víctima, llevar un arma para controlar a la víctima, hacer una lista de víctimas potenciales con información pertinente, etc.)

c. Facilitar la huida tras la agresión (utilizando un vehículo robado durante la comisión del crimen, disponer de un vehículo después de la comisión del crimen, movilizando a la víctima para prevenir que se escape y pueda pedir ayuda hasta pasado un cierto tiempo, etc.)

Como ya hemos comentado, el MO del SUDES es aprendido, y por extensión dinámico y maleable. Esto es porque el MO se encuentra afectado por el tiempo, y puede cambiar conforme el agresor aprenda o se deteriore. Algunas de las diversas formas en que un agresor puede depurar su MO pueden ser las siguientes: materiales educacionales y técnicos, contacto con el sistema de Justicia Penal, experiencia criminal y confianza, oficio o experiencia profesional, los medios de comunicación, estado de ánimo del agresor, etc.

## La firma

En términos generales de investigación, la palabra firma se utiliza para describir los aspectos distintivos de las conductas realizadas por los agresores que revelan sus necesidades psicológicas y emocionales.

### Contenido complementario 3

Según Douglas y Olshaker, la firma describe el elemento único del agresor y su compulsión personal, el cual permanece estático. Por ello es distinguible del tradicional concepto de MO, que es fluido y cambia.

El aspecto general de esta definición representa los temas emocionales o psicológicos que el agresor satisface cuando comete el hecho criminal. La otra parte de la definición serían las conductas de la firma, que hace referencia a esos actos cometidos por un agresor que no son necesarios para cometer el hecho criminal pero que denotan las necesidades emocionales o psicológicas del delincuente, es decir, denotan esa motivación del aspecto general que antes hemos nombrado.

Keppel comenta que es la firma lo que nos ayuda a vincular dos crímenes de los que desconocemos los autores, y no tanto el MO. Su convicción es que la firma es mucho más difícil de alterar que el MO, y por ello viene a ser como "la tarjeta de visita" del agresor.

Contenido complementario 4

En palabras de Keppel:

*"La expresión personal del asesino es su firma, una huella que deja en la escena con objeto de*

*satisfacerle sexualmente. El núcleo de la firma de un asesino nunca cambia, a diferencia del núcleo del MO, que sí que cambia. Ahora bien, una firma puede evolucionar en el tiempo, tal como en los casos en los que un homicida necrófilo realiza cada vez un mayor número de actos de mutilación postmortem a medida que va matando".*

Como ya hemos mencionado, un patrón característico de las conductas de la firma refleja las necesidades del SUDES, entonces este patrón puede entenderse como un reflejo de su personalidad, estilo de vida y de sus experiencias de desarrollo. Como tal, la conducta de la firma se manifiesta en la interacción entre la víctima, el delincuente y la propia escena del crimen. La convergencia de esas conductas es lo que se emplea para inferir la firma del delincuente en el hecho criminal.

En ocasiones, como es el caso de Keppel, a la firma se la denomina "la tarjeta de visita del delincuente", pero esta expresión no debemos entenderla como algo estático y fijo, porque como ya hemos visto, puede haber una evolución en la misma, aunque permanezca un "núcleo" o aspecto esencial inalterado.

Turvey muestra un cierto desacuerdo con Keppel, cuando señala que no es del todo apropiado establecer que dos escenas del crimen que sólo están relacionadas por la firma son psicológicamente idénticas. Por su propia naturaleza, las escenas del crimen y la conducta de la escena del crimen no pueden ser las mismas a través de los diferentes delitos, aunque sea el mismo agresor su autor.

En todo caso, pueden considerarse elementos esenciales de la firma del agresor cuando:

- Toma un tiempo extra para completarse, más allá de la conducta funcional del MO.

- Es una conducta innecesaria para la finalización del hecho criminal.

- Implica una expresión de la emoción y necesidades psicológicas del agresor (como el sadismo).

- Suele implicar una expresión de la fantasía del agresor.

- Por definición, el tipo de víctima elegida se incluye en la firma.

## La escena del crimen

La escena del crimen es el lugar donde ha actuado el asesino para llevar a cabo la acción criminal y por ello será de vital importancia su análisis en todos los aspectos.

Una vez que se ha hecho el análisis forense de las pruebas físicas, con el correspondiente esfuerzo de reconstrucción de los hechos, y se ha establecido la Victimología, el perfilador puede centrar su esfuerzo en la determinación de las características de la escena del crimen en particular.

Las características distintivas de una determinada escena de un crimen serán las expresadas por el comportamiento del SUDES, en relación con la víctima, la ubicación del crimen, y el significado que todo esto tiene para él.

Es cierto que en las características de la escena del crimen, y en la Victimología, se pueden reflejan los rasgos de la personalidad del autor de los hechos, pero esto no se debe confundir con el proceso de examen y la interpretación de las pruebas de comportamiento para un delito en concreto, o una serie de delitos conexos, denominados análisis de la delincuencia (Baeza et al., 2000) con el perfil de un criminal.

El profiler debe saber que cada situación que se examina será diferente. Cada autor dejará una escena del crimen distinta a otra, debido a las influencias del medio ambiente, la interacción de la víctima con el delincuente, y la posterior evidencia física.

La escena del crimen en el proceso de profiling se resumiría de la siguiente manera:

Estudio de la escena del crimen mediante evidencia física por los forenses y la Policía Científica.

Estudio de la escena del crimen mediante evidencia conductual por el perfilador.

Otros métodos que se emplean en el profiling (Victimología, perfil geográfico, etc.)

Al final, tendríamos el perfil del autor.

### A. Tipo de lugar

Este apartado se refiere al tipo de ambiente en el que se ubica una escena del crimen. Existen cuatro tipos generales (que no siempre son exclusivos), y cada uno determina la naturaleza y extensión de las pruebas que se pueden recoger allí .

### Contenido complementario 5

- Escena del crimen interior. Son las escenas del crimen en el interior de una estructura protegida de los elementos de la naturaleza: apartamentos, casas, edificios, garajes, almacenes. etc.

- Vehículos. Se refiere a las escenas del crimen que son móviles: barcos, trenes, coches, aviones, etc.

- Escena del crimen exterior. Son las escenas del crimen que están expuestas a los elementos de la naturaleza: campos, bosques, descampados, desiertos, etc.

- Escena del crimen debajo del agua. Se refiere a las escenas del crimen que están por debajo de la superficie de cualquier cuerpo de agua: lagos, estanques, ríos, arroyos, embalses, etc.

## B. Tipos de escena del crimen

Cuando evaluamos el tipo de la escena del crimen en un caso determinado, no se debe utilizar la intuición o la experiencia como una guía. Se debe dejar que las pruebas físicas cuenten la historia y trabajar a partir de estas pruebas físicas para hacer una reconstrucción racional (Turvey, 2001).

Una de las consideraciones más importantes de la investigación de la escena del crimen que puede hacer el perfilador es determinar qué tipo de escena del crimen existe; con ello se quiere averiguar cuál es la relación de la escena del crimen con la conducta del agresor, en el contexto del crimen.

La escena del crimen es definida como un área donde ha tenido lugar un hecho criminal (Lee, 1994, p.1). Sin embargo, un hecho criminal puede tener lugar en diferentes localizaciones, lo que puede dar lugar a diferentes escenas del crimen relacionadas con un mismo delito:

- Punto de contacto. Éste es el lugar preciso donde el delincuente se aproximó por primera vez a la víctima, o bien la atacó. Es un término neutral porque incluye lugares donde la víctima es abordada, quizá por engaño, pero también lugares donde el delincuente la ataque y la arrastre hacia otro lugar preseleccionado, que puede ser una escena primaria o secundaria.

- Escena primaria. Se denomina escena primaria al lugar donde el delincuente realiza la mayor parte de su asalto sobre la víctima, donde se interviene el mayor tiempo, y donde permanece la mayor parte de la evidencia física. Es posible que haya una escena primaria por víctima, si los ataques a víctimas separadas dentro de un mismo delito acontecen en lugares separados. También es posible que la escena primaria sea la misma que la del sitio donde se abandona el cadáver (disposal site dumpsite).

- Escena secundaria. En esta ocasión hablaríamos del lugar donde se lleva a cabo alguna parte de la interacción del delincuente y la víctima, pero no la mayor parte. Si se trata del lugar donde se encuentra el cadáver, entonces la escena secundaria es también el lugar del abandono del mismo (disposal site/dumpsite). Puede haber diferentes escenas secundarias asociadas a un mismo delito. En esencia, el término "escena secundaria" incluye cualquier lugar donde pueda hallarse alguna evidencia de la actividad criminal fuera de la escena primaria.

- Escena intermedia. Una escena intermedia es cualquier escena del crimen entre la escena primaria y el lugar del abandono del cuerpo. Aquí se incluirían vehículos usados para transportar un cuerpo al lugar donde va a ser abandonado después del crimen, así como lugares donde se ha guardado un cuerpo antes de que fuera abandonado.

- Lugar del abandono del cadáver (dumpsite/disposal site). Este apartado describe la escena del crimen donde se encuentra un cuerpo. Se suele emplear este término para significar que la víctima fue asaltada en otro sitio, y llevada aquí antes o después de su muerte. Hay que tener cuidado a la hora de utilizar esta expresión, porque también puede coincidir con la escena primaria; esta posibilidad no debe ser excluida en virtud del investigador.

Muchos perfiladores e investigadores parecen desinteresados en la interpretación de la relación de lugares al aire libre y los cuerpos de las víctimas que se encuentran en ellas. A menudo, se presume que una escena del crimen exterior es un lugar sólo de eliminación, cuando en realidad pudiera ser también una escena primaria. O se da por hecho que una escena del crimen exterior es a la vez una escena primaria y lugar de abandono del cadáver, sin tener en cuenta o ignorando que han podido darse escenas intermedias (Turvey, 2001).

Brent Turvey comenta en su libro Criminal Profiling que este tipo de errores se pueden producir por varias razones:

El perfilador en cuestión no ha visitado la escena del crimen y, por tanto, no sabe las relaciones espaciales que existen dentro de la escena y las áreas relacionadas.

El perfilador tiene poco o ningún conocimiento, ni formación, ni experiencia sobre la escena del crimen y las investigaciones de las ciencias forenses.

El remedio para estos problemas es evitar las teorías preconcebidas. Esto significa que no se debe opinar firmemente sin pruebas físicas, se deben cuestionar todos los supuestos de la investigación sin que importen las fuertes convicciones de otras personas, y por supuesto, obtener una buena formación en las ciencias forenses.

## C. Modificaciones en la escena del crimen

La escena del crimen puede ser modificada por todo tipo de elementos presentes de forma permanente en la misma, o incluso por algunos que ya no están presentes en ella. Puede tratarse de elementos animados, inanimados o puramente acciones.

La acción de cualquier tipo de insecto puede disimular, e incluso hacer desaparecer, las heridas de un cuerpo. También puede mover, desplazar, o destruir las pruebas o su presencia. Las actividades predatorias y de alimentación de cualquier clase de animal pueden desvirtuar, ocultar o disimular las pruebas o hacerlas desaparecer. También pueden simular o imitar heridas en un cuerpo como si tuviera un origen criminal.

## Contenido complementario 6

El proceso natural de descomposición y su ritmo temporal pueden alterar, disimular u ocultar la apariencia de las heridas de un cuerpo, o simularlas en él. También puede cambiar las condiciones de la ropa que pueda encontrase en la escena, por contacto con el cuerpo en descomposición.

El clima en general de un lugar, o las condiciones concretas de tiempo, pueden tener influencia sobre la naturaleza y las condiciones meteorológicas en las que se encuentra la escena de un crimen y las pruebas contenidas en él. Esto incluye cualquier tipo de destrucción o disimulación debida a fenómenos meteorológicos o a la acción continuada del clima que producen diferentes efectos, por ejemplo, en las acciones de transferencia biológica o en las formas y tiempos del proceso de descomposición.

En los casos en los que el fuego –con su amplio poder de destrucción- ha aparecido en la escena de un crimen, tanto de forma accidental como intencional, el resultado es la inevitable alteración de la misma. De esa forma, las acciones relacionadas con la intención primaria del criminal, y los efectos y pruebas del delito "principal" pueden quedar disimulados o eliminados. Además de lo anterior, los esfuerzos para el control del incendio pueden tener el mismo efecto: el agua a alta presión, el peso y el roce de las mangueras y los productos químicos que pueden ser empleados dejan su inevitable efecto. Todo ello puede alterar pruebas, cambiarlas de sitio, o provocar indeseadas transferencias.

La transferencia de pruebas se produce mediante el contacto entre personas y objetos. Por ejemplo, un investigador se sienta en una silla de la escena del crimen y se adhiere a su ropa un pelo de la víctima. Luego, ese mismo investigador entra en el vehículo de un sospechoso dejando ese pelo inadvertidamente dentro de él. El resultado es que un indicio de la participación en el delito puede encontrarse en el vehículo del sospechoso.

Las acciones de la víctima durante el transcurso del crimen, o en el intervalo inmediatamente posterior, pueden tener como resultado una indeseable influencia en la naturaleza y calidad de las pruebas que pueda encontrarse en ella. Esas acciones pueden incluir acciones de defensa o de limpieza del escenario o de la propia persona después del hecho criminal. Todo ello tiene como consecuencia la modificación de la escena del crimen, y la producción de transferencias.

El comportamiento de los testigos en el periodo inmediatamente posterior al crimen también puede influenciar la naturaleza de la pruebas. Ese comportamiento puede incluir actos para preservar la dignidad de la víctima (como cubrir el cuerpo o cambiar su posición para que sea menos humillante), o también el robo de objetos de la escena del crimen. Las acciones de los servicios médicos de emergencia que se emplean en las primeras atenciones de urgencia suelen desvirtuar las pruebas.

Un ejemplo claro es cuando se infligen heridas de carácter terapéutico para tratar un herido, como una traqueotomía. La Policía es quien debe preservar la escena del crimen pero, a veces, puede desvirtuarla debido a moverse por ella sin los debidos cuidados de forma que se pueden ocultar, mover o modificar pruebas, provocar transferencias secundarias o incluso "crear" pruebas que no existen. Los especialistas en Criminalística pueden, por otra parte, destruir pruebas por un almacenamiento inadecuado de ellas, o que ya no sean fiables por un fallo en la cadena de custodia.

Las acciones llevadas a cabo por el delincuente tienen especial importancia en el análisis de la posible modificación de la escena del crimen y por motivos diversos.

## Actos de precaución delictiva (Precautionary Acts)

Son comportamientos que afectan a las pruebas físicas y que pueden tener lugar antes, durante o después del acto criminal, y que se encaminan a confundir, dificultar o frustrar intencionadamente a los investigadores o anular los esfuerzos de los criminalistas, con la intención de ocultar su identidad, su conexión con el crimen, o el crimen en sí mismo.

Suelen estar íntimamente relacionados con el concepto de Modus Operandi. Algunos ejemplos de precaución delictiva utilizados de distintos tipos pueden ser algunos de los siguientes: cambiar el aspecto del delincuente con disfraces, máscara; alterar la voz; utilización de elementos para evitar dejar indicios (guantes, preservativos); quemar el cadáver o modificar la escena del crimen mediante el incendio, eliminando rastros, etc.

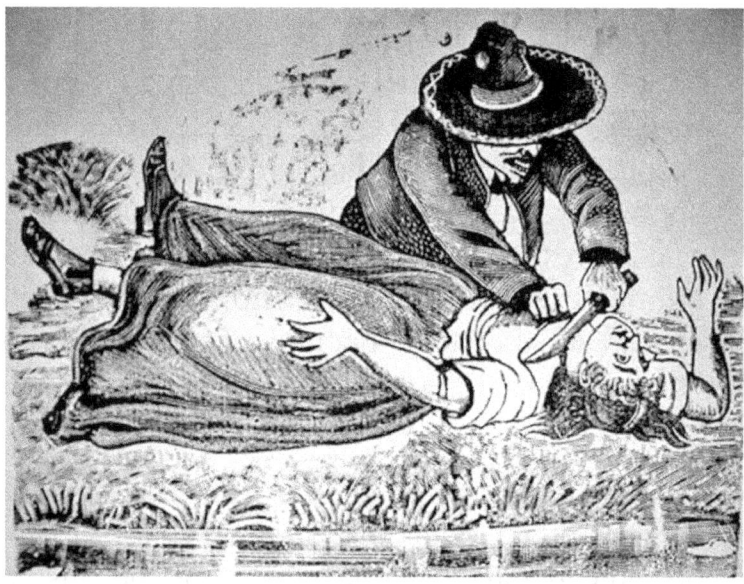

## Actos de escenificación (Ritual o Fantasy Acts)

Suelen responder a las fantasías del delincuente y están muy relacionados con el concepto de firma. Por eso, suelen mostrar una forma intensamente ritualizada que tiene significación para el delincuente en relación con esas fantasías. Esa escenificación puede estar dirigida hacia sí mismo, para lograr una estimulación añadida, o hacia los testigos o los investigadores que puedan acceder a la escena del crimen (a modo de "mensajes" hacia ellos).

Suelen consistir en actos de necrofilia, mutilación, disposición específica del cuerpo o de los objetos de la escena, etc.

## Escena del crimen amañada o simulada (Staging)

Tiene lugar cuando las evidencias han sido intencionalmente alteradas por el delincuente para confundir a los investigadores y alejar las sospechas de él. Por ejemplo, cuando se comete un asesinato en un domicilio y se prende fuego a la casa para que los investigadores piensen que las víctimas han muerto a causa del incendio. También se puede dar el caso de que un homicidio parezca un suicidio para que éste quede impune y no se castigue al autor.

El propio análisis de la escena del crimen, el estudio del comportamiento del criminal y la víctima, y el análisis cuidadoso de la Victimología, son pasos necesarios para desvelar si una escena ha sido amañada o no.

## Asesinos múltiples

Antes de comenzar con cada uno de los apartados de este punto se debe tener en cuenta que cuando hablamos de asesinos múltiples, no sólo nos estamos refiriendo a los "asesinos en serie", siendo éstos los más conocidos por su repercusión en los medios de comunicación.

El asesino en serie es sólo un tipo de asesino múltiple, junto a él, se encuentra el asesino en masa y el asesino itinerante.

El asesino en masa se define como aquél que mata a cuatro o más víctimas en la misma unidad de tiempo y de espacio.

El asesino itinerante sería la persona que mata a tres o más víctimas en diferentes lugares, con diferentes escenas del crimen, sin un periodo de enfriamiento entre las muertes. El periodo de enfriamiento hace referencia al retorno del asesino a su forma de vida habitual entre un asesinato y otro.

El asesino en serie mata a tres o más personas con un periodo de enfriamiento entre los asesinatos, ello implica más de un lugar y diferentes escenas del crimen.

| ESTILO | SIMPLE | DOBLE | TRIPLE | EN MASA | ITINERANTE | EN SERIE |
|---|---|---|---|---|---|---|
| NÚMERO VÍCTIMAS | 1 | 2 | 3 | 4+ | 2+ | 3+ |
| NÚMERO SUCESOS | 1 | 1 | 1 | 1 | 1 | 3+ |
| NÚMERO LUGARES | 1 | 1 | 1 | 1 | 2+ | 3+ |
| PERIODO ENFRIAMIENTO | - | - | - | No | No | Sí |

## Asesino en masa (Mass Murder)

Empleando la terminología del FBI, el asesino en masa (Mass Murder) sería aquél que mata a cuatro o más víctimas en un determinado momento y espacio, existiendo una única escena del crimen y sin periodo de enfriamiento emocional. No todos los expertos están de acuerdo con esta terminología, como por ejemplo, el criminólogo y perfilador Vicente Garrido habla de homicidio múltiple de grupo u homicidio múltiple en un solo acto (Garrido, 2008).

Fox y Levin enumeran una serie de factores que parecen contribuir al asesinato en masa:

a. La frustración. Este homicida padece de una larga historia de frustración, generalmente desde la infancia, conjuntamente con una incapacidad creciente para hacer frente a los problemas y al concepto de sí mismo negativo. Como consecuencia de ello, este tipo de persona puede desarrollar una condición de depresión profunda y permanente.

b. Externalización de la responsabilidad. Muchas personas que se suicidan se castigan a sí mismas por sus desgracias o frustraciones, pero si uno cree que la culpa está en los otros, el resultado puede ser desear matar a otros por las injusticias recibidas.

c. Una pérdida catastrófica. En muchas ocasiones estos sujetos sufren una pérdida repentina, o temen sufrirla, que adquiere a sus ojos el nivel de catástrofe.

d. Contagio. En ocasiones el homicidio grupal es el resultado de un fenómeno de imitación o contagio de anteriores homicidios múltiples, algo que se ha comprobado en sucesos de tiroteos en los institutos de enseñanza.

e. Aislamiento social. Es cierto también que muchos homicidas múltiples viven solos, sin apoyo emocional y muchas veces sin recursos para llevar una vida confortable, lo que podría aumentar su sentimiento de frustración, injusticia y venganza.

Cuando hablamos de asesinos en masa, nos vienen a la memoria los casos de la matanza en Columbine, el de la masacre de Virginia Tech, el caso de Anders Breivik y más recientemente el tiroteo en el cine de Denver, Colorado, entre otros.

Anders Breivik, el mayor asesino en masa que ha dado la historia, asesino en masa atípico, lo calificó el profesor Garrido (2011), adaptado a los tiempos modernos de la sociedad de la información. Entre la bomba que explosionó en el centro de Oslo y el tiroteo de la isla de Utoya, en el año 2011, se cobró 77 vidas. Solo unas horas antes de llevar a cabo su masacre, colgó en internet un Manifiesto titulado: "2030: Una declaración europea de independencia". Su modelo a seguir fue Theodore Kaczynski Unabomber, ya que copió literalmente parte de sus escritos.

El 20 de julio de 2012, James Holmes (24 años), entró en un cine de Denver (Colorado) y se dirigió a la sala donde se estaba proyectando la película "El caballero oscuro: la leyenda renace", dijo que él era el Jocker. Comenzó a disparar, y mató a 12 personas e hirió a 58. Se licenció en neurociencia con una de las notas más altas de su promoción. Estaba realizando el doctorado en neurociencia en la Universidad de Colorado, Denver. Admiraba a Unabomber, al igual que Breivik.

## Asesino itinerante (Spree Killer)

Al asesinato itinerante también se le llama asesinato de excursión o frenético, del término frenesí (spree).

La diferencia entre estos asesinos y los asesinos en serie es que los primeros tienden a actuar en un periodo corto de tiempo, ya que no hay periodo de enfriamiento entre las víctimas.

El asesinato en masa se puede combinar con el asesinato itinerante, cuando el asesino va a más de un lugar para encontrar y matar a sus víctimas (Burguess, 2006), como sería el caso de Breivik.

Los Spree Killers son como una máquina de matar, hasta el punto de continuar con sus actos mientras que no son capturados o hacen que los capturen, llegando incluso a provocar el "suicidio por la policía", es decir, buscan una situación donde la policía tendrá que matarlos (Burguess, 2006). Suelen elegir sus víctimas al azar, pero se inclinan por aquellas que satisfagan sus necesidades personales en el momento. En otras palabras, matan por dinero, sexo, o simplemente porque tienen hambre. En estos casos, las autoridades suelen saber por lo general a quién están buscando: tienen la identidad del asesino.

La duración de ese "frenesí" puede ser mucho mayor, como le ocurrió a Andrew Cunanan. Este asesino saltó a la fama el 15 de Julio de 1997 después de disparar al famoso diseñador Gianni Versace en su casa de Florida a plena luz del día. Antes del asesinato de Versace, el FBI ya tenía a Cunanan en la lista de los "diez más buscados" por otros cuatro asesinatos, en los últimos dos meses anteriores, por todo el país.

Los profesionales especularon sobre él, incluyendo el tipo de asesino que era. Cunanan asesinó a todo tipo de personas, pero ni siquiera él sabía, mientras huía, dónde sería el próximo ataque. No parece que tuviera un patrón en su victimología. La firma no era destacable y difería en su Modus Operandi a la hora de matar. Algunos asesinatos fueron brutales, mientras que otros fueron de un tiro rápido en la cabeza.

Los asesinos en serie suelen llevar una vida "normal", matando de forma tangencial, mientras que el Spree Killer actúa con pasión y sin un periodo de enfriamiento emocional. En este sentido, Cunanan parecía más un Spree Killer. Se le encuadraría en esta categoría debido a que sus víctimas parecían ser un objeto de la oportunidad, a excepción de Versace, que fue un objetivo propuesto.

Pero como regla general, el frenesí es de menor duración. Este tipo de asesinos están orientados y concentrados en su "misión", careciendo de un plan de escape. La mayoría de veces los mata la policía o se suicidan en un acto final de desesperación. Si se les llega a capturar y se someten a un proceso judicial, suelen reconocer sus crímenes y se declaran culpables, aunque también se da el caso de declararse inocente alegando locura.

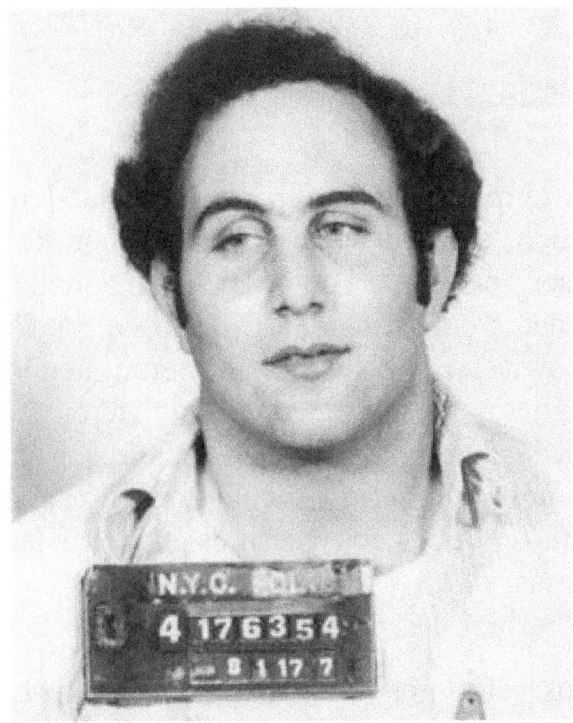

**"El Hijo de Sam"**

## Asesinos en serie

El término asesino en serie (Serial Killer) fue acuñado, en la década de los 70, por Robert. K. Ressler, perfilador del FBI. Por aquella época, asesinatos como los de "El Hijo de Sam" (David Berkowitz) en Nueva York, eran denominados "asesinatos de extraños". Este término, como explica el propio Ressler (2005) en su libro Asesinos en Serie, no le pareció apropiado, porque a veces los asesinos sí conocían a sus víctimas.

Nos referimos a un asesinato en serie (Serial Killer), cuando existen tres o más víctimas. La diferencia principal que tiene esta categoría de las vistas anteriormente, es el periodo de enfriamiento emocional (cooling-off period) entre las muertes.

En otras palabras, el asesino en serie no mata con frecuencia. Esto se debe a que un tipo de asesinos en serie, los organizados, no suelen arriesgarse. Quieren estar seguros cuando deciden cometer un crimen, tienen que sentir que se encuentran en la posición de "ganadores". No sienten la necesidad de matar a menudo, mientras tengan recuerdos de sus víctimas (ropa o joyas), para que pueda revivir el crimen y así ampliar su fantasía.

Un asesino en serie suele fijarse en personas extrañas a él, pero las víctimas tienden a ser similares en género, edad u ocupación. Se ha llegado a calcular, en un momento dado, la existencia de 35 a 50 asesinos en serie en EE.UU, y siendo una estimación conservadora. Alrededor de una docena de asesinos en serie son detenidos cada año en ese país.

De acuerdo con la definición del FBI, el asesino en serie sería aquel que mata a tres o más personas con un periodo de enfriamiento entre los asesinatos, ello implica más de un lugar y diferentes escenas del crimen. Muchos autores discrepan en lo referente al número de víctimas, como Bret Turvey (2002), el cual conserva la idea de que dos homicidios deberían bastar para calificar a alguien como asesino en serie, porque con la definición del FBI no se tiene en cuenta a aquellos asesinos que fracasan en sus intentos de matar o bien que tras cometer su primer crimen son detenidos y por tanto, el hecho de que lleguen a matar a una o varias personas depende muchas veces de la suerte o de las circunstancias.

Contenido complementario 8

Otra definición conocida es la de Egger (1998) para quien:

*"un asesinato en serie ocurre cuando uno o más individuos cometen un segundo y/o posterior asesinato; no hay en general relación anterior entre la víctima y el agresor, los asesinatos posteriores ocurren en*

*diferentes momentos y no tienen relación aparente con el asesinato inicial y suelen ser cometidos en una localización geográfica distinta. Además, el motivo del crimen no es el lucro sino el deseo del asesino de ejercer control o la dominación sobre sus víctimas. Estas últimas pueden tener un valor simbólico para el asesino y/o ser percibidas como carentes de valor y en la mayoría de casos, no pueden defenderse y avisar a terceros de su situación de indefensión o son percibidos como impotentes dada su situación en este momento, el sitio o el estatus social que detentan dentro de su entorno inmediato, como por ejemplo, vagabundos, los "sin techo", prostitutas, trabajadores inmigrantes, homosexuales, niños desaparecidos, mujeres que han salido solas de casa, ancianas, universitarios y pacientes de hospital".*

## Contenido complementario 9

Holmes y De Burguer (1988) citan una serie de características del asesino en serie:

El elemento central es el homicidio reiterado. El asesino en serie mata y continuará matando si no se le detiene.

En el asesinato en serie suele haber un solo asesino que mata a una sola persona cada vez que lo hace.

No suele haber relación entre el asesino y la víctima. El asesinato en serie ocurre rara vez entre personas que se conocen personalmente.

El asesino en serie está abocado al asesinato; no son típicos crímenes de pasión en el sentido convencional del término, ni la víctima en el desencadenante.

La mayoría de los asesinos en serie suelen carecer de móviles claros.

Aunque existen más clasificaciones, dentro de la técnica del profiling, la dicotomía entre asesinos organizados y desorganizados ha sido la más influyente.

Esta clasificación fue creada por los agentes de la Unidad de Ciencias del Comportamiento (UCC) del FBI en 1980, derivada de la necesidad de usar una terminología que no estuviera basada en la jerga psiquiátrica y así poder explicar los diferentes tipos de criminales a la policía y otras personas que trabajaran en esa cuestión.

A partir de la observación de casos de homicidio serial y, posteriormente, de los datos de entrevistas realizadas a homicidas condenados, los agentes propusieron esta distinción, convirtiéndose en la separación fundamental entre dos tipos de personalidad muy diferente. Según este planteamiento, las características de las escenas de los crímenes están relacionadas con las características de los responsables.

Ressler (1998) reconoce que esta dicotomía es demasiado sencilla y perfecta para poder aplicarse a todos los casos. En su experiencia, se topó con escenas de crimen que presentaban características tanto organizadas como desorganizadas. Por ello, junto con sus colaboradores crearon una categoría nueva, denominada escenas de crimen mixtas, en la que se incluían escenas que se podían clasificar tanto organizadas como desorganizadas. El equipo del FBI no llegó a estructurarla claramente.

Contenido complementario 10

La planificación es fruto de sus fantasías que suelen desarrollarse y ampliarse durante años, hasta que explotan y se expresan abiertamente en forma de comportamientos antisociales. Las víctimas de los asesinos organizados son, generalmente, personas desconocidas y capturadas con mucho criterio. Normalmente el asesino vigila la zona, buscando a alguien que encaje con el tipo de víctima que tiene en mente.

Como ya hemos comentado en temas anteriores, la edad, el aspecto, la profesión, el peinado o el estilo de vida son elementos que influyen en la elección.

Un claro ejemplo de asesino en serie español que se podría calificar de organizado, es el de José Antonio Rodríguez Vega (el asesino de ancianas de Santander). Planeaba muy bien sus asesinatos y seleccionaba a sus víctimas previamente, todas ellas ancianas. Al tener conocimientos de albañilería, reparación de aparatos eléctricos, fontanería, etc., realizaba pequeñas obras en las casas de sus víctimas. Su elocuencia y saber estar hacía que las ancianas le tomaran cariño. Al cabo de un tiempo les hacía una visita para ver si se habían quedado contentas con la obra, si lo que les había arreglado funcionaba bien, etc.

## EL ASESINO DE ANCIANAS DE SANTANDER

Cuando José Antonio quería mantener relaciones sexuales con ellas, éstas lo rechazaban, lo que despertaba su furia. Las golpeaba, les introducía objetos en la vagina, pero intentaba no dejar ninguna prueba de su crimen. De hecho, una vez las había matado, las acostaba en la cama tapándolas y dejándolas de forma que parecía que estaban durmiendo. Lo hizo tan cuidadosamente que de los 16 asesinatos probados, 13 fueron diagnosticados como fallecimientos "naturales".

Por otro lado, los asesinos en serie desorganizados carecen de cualquier lógica normal, no seleccionan a sus víctimas de una manera "coherente".

### Contenido complementario 11

De hecho, a menudo, optan por víctimas de alto riesgo, a diferencia de lo que hace el organizado, que siempre escoge a su víctima por ser fácilmente controlable. El asesino desorganizado no suele tener conocimiento de la personalidad de sus víctimas, ni le interesan. No quiere saber quiénes son e intenta destruir su personalidad dejándolas inconscientes rápidamente, cubriéndoles la cara o desfigurándolas de alguna forma.

Cuando los investigadores examinen la escena de un crimen, deben ser capaces de determinar, por las pruebas o por la ausencia de ellas, si un crimen ha sido cometido por una persona organizada o desorganizada.

En España también tenemos casos de esta clase de asesinos, como es el caso de Manuel Delgado Villegas (El Arropiero), nacido en Sevilla en el año 1943. Aunque se piensa que mató alrededor de 20 personas, él se autoinculpó de 48 asesinatos. No había relación entre sus víctimas, mató a mujeres, a hombres homosexuales y heterosexuales, muchas veces del mundo de la marginación. No preparaba sus crímenes ni se preocupaba de borrar las huellas. A pesar de carecer de cualquier tipo de planificación y actos de precaución, tardo mucho tiempo en ser capturado, debido a que vagaba sin rumbo fijo por muchos sitios. Los psiquiatras que le trataron dijeron que sufría de "delirio megalomaníaco y desorientación temporo-espacial". Delgado Villegas fue declarado enajenado e internado en varios hospitales psiquiátricos penitenciarios. Murió en 1998 en un hospital general, por una grave enfermedad respiratoria.

Las escenas organizadas indican que el autor del delito planea sus acciones y hace esfuerzos por ocultar la evidencia. A menudo, faltarán objetos personales de las víctimas que no suelen tener valor, ya que el asesino se los llevará como trofeos que le recuerden su acción y así pueda alimentar su fantasía o quizá lo haga para evitar que la policía identifique el cadáver.

La escena desorganizada es característica de las personas impulsivas, incompetentes social y sexualmente, poco inteligentes, que padecen alguna enfermedad mental y que actúan, generalmente, por la búsqueda de gratificación sexual. Además, este tipo de escena refleja la confusión que reina en la mente del asesino, presenta rasgos de espontaneidad y algunos elementos simbólicos que reflejan sus delirios.

No sólo Turvey critica este modelo, existen otros autores que hablan de la falta de respaldo empírico de las relaciones entre las variables de la escena y las del agresor; el solapamiento de algunas características que definen las categorías de organizados y desorganizados; la existencia de casos que cumplen con elementos de una y otra categoría; el reducido tamaño de las muestras de delincuentes que han participado en las investigaciones de los autores, algunos sesgos en la selección de aquellos y el carácter voluntario de su participación (Canter y Alison, 1999; Godwin, 2000).

Como conclusión nos podríamos remitir a las palabras del profesor Vicente Garrido et al., (2008, p 90)

*"... muchas de las ideas del FBI son muy útiles. Por ejemplo, si hallamos una escena del crimen donde predominan claramente los elementos "organizados", es bastante improbable que haya un psicótico detrás como autor. El problema está en quedarse en la superficie. No deberíamos clasificar una escena como "predominantemente organizada" o "predominantemente desorganizada" y, una vez hecho esto, esperar que el asesino*

*se amolde en casi todo al estereotipo de este término. Pero tiene sentido que, a partir del estudio en profundidad de la escena del crimen, entendamos que ciertos elementos de planificación y de control se ajustan a personas que pueden tener los rasgos de organizados. Pero sólo en la medida en que la evidencia de la escena del crimen lo avale. "*

Si hablamos de asesinos en serie mixtos, podemos citar a Francisco García Escalero, (El Matamendigos). Escalero actuaba movido por unas voces interiores que le forzaban a matar. Unas voces que aparecían siempre con la mezcla de alcohol y pastillas. Eran alucinaciones auditivas propias de su esquizofrenia. A la hora de cometer los asesinatos era muy impulsivo, no planeaba sus ataques, no seleccionaba el arma. Cometió actos extremos de violencia. La selección de las víctimas era de forma aleatoria. Dejando de lado su enfermedad mental, Escalero nunca ha demostrado tener sentimientos de culpa por todos los asesinatos que cometió, ni empatía con las víctimas, que no tenían importancia para él. Es cierto que era muy impulsivo a la hora de cometer sus crímenes y no los planeaba, pero un asesino en serie desorganizado no suele tomarse la molestia de prender fuego al cadáver para borrar todas las huellas e indicios que pudieran quedar en la escena del crimen, y él lo hizo.

## Otras clasificaciones

Para la Criminología es muy importante saber diferenciar cada tipo de agresor y sus motivaciones, por ello ha habido una gran variedad de intentos de clasificar a los asesinos en serie. Es cierto que esas clasificaciones proporcionan un primer paso hacia la comprensión de la variedad de estos asesinos y, por tanto, tienen valor en el sentido que indican las posibilidades de diferentes etiologías (Megargee, 1982).

También pueden aclarar los diferentes motivos de los delincuentes o las relaciones víctima-agresor (Arrigo y Purcell, 2001), los cuales puede tener implicaciones jurídicas, así como implicaciones para la gestión y la condena de los delincuentes.

Como hemos visto, la clasificación más citada de asesinos en serie es la empleada por los agentes especiales de la Oficina Federal de Investigación (FBI), que los divide en organizados y desorganizados. Esta dicotomía argumenta que las características de la personalidad de los delincuentes pueden determinarse a partir de la información extraída de la escena del crimen.

Aunque algunos investigadores han cuestionado la validez de esta tipología, en ella es en la que se basa otra clasificación de asesinos en serie, la de Holmes y Holmes (1998).

## Clasificación de Holmes y Holmes

Aunque Holmes y Holmes (1998) no indican claramente la influencia de la tipología organizado-desorganizado en su modelo, se puede considerar como una división de un continuo entre ellas. En un extremo encontraríamos la categoría del asesino en serie visionario, a quien describen de la siguiente manera:

> *"La escena del crimen también es muy desorganizada. En este sentido, la escena del crimen refleja la personalidad del asesino" (p. 68). En el otro extremo hallaríamos al asesino en serie por poder o control, donde describen su método como "simple y organizado"*
> (p. 133).

Su modelo es el resultado de la labor futura llevaba a cabo en el modelo original propuesto por Holmes y DeBurguer (1985), que dividía a los asesinos en dos grandes grupos, con diferentes subtipos:

1. Asesinos en serie orientados por el acto:

- *El visionario:* usualmente un psicótico que mata movido por alucinaciones visuales o auditivas que le ordenan hacerlo.

- *El misionario:* alguien que pasa desapercibido por su apariencia, pero que actúa con la "misión" de eliminar a ciertos grupos de personas porque cree que son malas para la sociedad.

2. Asesinos en serie orientados por el proceso:

- *El tipo hedonista orientado hacia la comodidad:* No sólo obtiene placer con la muerte sino también ganancias materiales.

- *El tipo hedonista orientado hacia la lujuria:* asocia el placer sexual con la muerte, le excita el sexo mientras está asesinando y la necrofilia.

- *El tipo hedonista orientado hacia el control y el poder:* su motivo principal es el control completo de otro ser humano hasta la muerte, su conducta puede tener componente sexual.

- *El tipo hedonista orientado hacia la emoción,* consigue su orgasmo cuando mata.

Holmes y Holmes desarrollaron su clasificación después de examinar los materiales de 110 casos de asesinatos en serie, además de entrevistar a una selección de agresores. Se les critica que no indicaran exactamente la manera en la que utilizaron el material para elaborar su sistema de clasificación.

Los autores reconocieron que algunos agresores poseían características y exhibían comportamientos de más de un tipo (Canter y Wentink, 2004).

**Vamos a detenernos de forma más extensa en esta clasificación:**

## A. Asesino en serie visionario

La mayoría de asesinos en serie no son psicóticos. Pero en este caso, los visionarios sufren una ruptura con la realidad y están impulsados a matar debido a las voces que escuchan o a las visiones que tienen. Estas interrupciones con la realidad son las que les hacen matar a determinado tipo de gente. El visionario actúa "dirigido" por las voces que oye. Las alucinaciones que tiene el visionario, ya sean auditivas o visuales, pueden ser percibidas como de Dios o el diablo. Éstas lo legitiman para que ataque a otras personas que generalmente suelen ser extrañas. En términos psiquiátricos, estaríamos hablando de un psicótico y en terminología del FBI, sería un asesino en serie desorganizado.

## B. Asesino en serie misionario

El asesino en serie misionario considera como una necesidad imperiosa que deber erradicar a una parte de la sociedad que considera indigna o indeseable. Este tipo de asesino no es un psicótico, no oye voces ni tiene visiones como el tipo anterior. Es decir, vive en el mundo real e interactúa con él a diario. Sin embargo, esta persona actúa con la "obligación autoimpuesta" de librar al mundo de una determinada clase de personas; prostitutas, católicos, judíos, jóvenes varones de raza negra o cualquier grupo identificable. Normalmente, cuando son detenidos por los crímenes, sus vecinos se sorprenden por lo que han hecho, diciendo cosas como, "Era una buena persona".

## C. Asesino en serie hedonista, con dos subtipos

- *Asesino en serie por lujuria y emoción.*

Su principal característica es la unión entre la violencia y la satisfacción sexual. Esta conexión de la violencia con el sexo la lleva a cabo a través del asesinato. Esta clase de asesinos valoran la muerte como una experiencia erótica.

Debido a que obtienen placer matando, se toman su tiempo para llevar a cabo el asesinato, a diferencia del visionario y misionero cuyos crímenes son directos. El asesinato en serie hedonista por lujuria y emoción puede incluir actos de antropofagia, desmembramiento, necrofilia, tortura, mutilación, dominación u otras actividades para infundir miedo.

*- Asesino en serie orientado a la comodidad.*

Aquí, la satisfacción sexual no es el motivo principal. Mata para obtener beneficios personales. Son asesinos profesionales que matan, por ejemplo, a personas con las que están relacionadas, con fines de lucro. Sus métodos de matar hacen que la investigación sea complicada y su captura se convierta en una tarea especialmente difícil. A menudo, este tipo de asesino es inteligente y su detención puede demorarse durante años.

### D. Asesino en serie por poder y control

Este asesino recibe la gratificación sexual de la completa dominación de la víctima (Holmes y Holmes, 1998). A diferencia de los hedonistas por lujuria y emoción, la motivación principal de este asesino no es el placer sexual sino el placer que siente al tener la capacidad de controlar y ejercer ese poder sobre su víctima indefensa (Aynesworth Michaud, 1983).

Esa satisfacción deriva de la creencia de que él tiene el poder para hacerle a otro ser humano lo que le plazca. Sabe que domina por completo a sus víctimas, y con ese dominio experimenta un placer sexual similar al placer del asesino hedonista por lujuria y emoción. Este asesino no tiene ninguna ruptura con la realidad, es decir, carece de enfermedad mental. Sin embargo, en alguna ocasión pueden diagnosticarle un trastorno de personalidad de carácter psicopático.

Son conscientes de las normas sociales y culturales, pero deciden hacerles caso omiso, viviendo con sus propias normas. Cuando llevan a cabo un asesinato, intentan prolongar la muerte debido al placer que obtienen teniendo la vida de otra persona en sus manos. Al igual que la abrumadora mayoría de los asesinos en serie, este tipo suele matar con sus manos o con armas, pero sobre todo la tendencia que siguen es la de estrangular a sus víctimas.

Canter y Wentink (2004), presentan algunas reticencias a esta clasificación y plantean algunos cuestionamientos al procedimiento de Holmes y Holmes para desarrollar su clasificación:

Cuestionamiento sobre la fiabilidad y la validez de la recogida de datos. Aunque Holmes y DeBurger (1985) afirmaron que su tipología se basó en entrevistas con delincuentes, la forma en que las entrevistas se llevaron a cabo nunca se aclaró, ni se presentaron los detalles de la metodología que llevaron a cabo. Además no se dio información sobre la muestra de delincuentes que se entrevistaron.

Cuestionamiento sobre la falta de pruebas empíricas de dicha tipología, lo cual conduce a una mayor debilidad en la clasificación porque no hay contexto para definir con precisión las condiciones en las que un asesinato o asesino se habría asignado a un tipo u otro. Esto genera confusión acerca de la descripción exacta de cada tipo.

Cuestionamiento sobre la carencia de definiciones precisas para términos que ellos emplearon, ya que –según ellos- Holmes y Holmes examinaron demasiado brevemente las características de cada tipo.

## Tipología del violador

Puede decirse que el perfil del violador más habitual corresponde al de un individuo varón, de entre 18 y 25 años, de aspecto "normal", soltero y que comete el delito en solitario, y –normalmente- sin estar bajo los efectos del alcohol u otras drogas.

*Contenido complementario 12*

Los violadores de mayor edad suelen escoger como víctimas a niñas o adolescentes, mientras que los más jóvenes atacan sexualmente a mujeres de mayor edad. Si bien puede decirse que ese perfil es bastante definitorio, hay conclusiones de estudios criminológicos que permiten agrupar a los agresores sexuales en diferentes grupos clasificatorios.

Una de las clasificaciones más adecuadas por su practicidad, tal como recogen Miguel y José Antonio Lorente Acosta, es la efectuada por el Centro Nacional para el Análisis del Crimen Violento (NCAVC) en su "Manual de Clasificación del Crimen".

En esta clasificación se agrupa a los violadores sobre la base de la forma de interacción sexual y las motivaciones agresivas. Desde luego, en todas las violaciones confluyen ambos elementos, pero mientras que para unos lo más importante es la necesidad y la posibilidad de humillar y lesionar a la mujer, otros lo que buscan esencialmente es el aspecto más sexual.

Y, desde este punto de vista, pueden distinguirse cuatro categorías de violadores:

*A. Violador por satisfacción o poder*

El violador por satisfacción o poder es consciente de su masculinidad y aparenta ser un "tipo duro". Este individuo usa la violación para expresar su virilidad y dominio sobre la mujer. Es sexual y verbalmente egoísta en sus ataques y no intenta que la víctima esté cómoda, tampoco muestra preocupación alguna por su bienestar emocional. Frecuentemente, romperá o rasgará las ropas de la víctima y las tirará. Someterá a la víctima para repetir asaltos sexuales, como una expresión más de su virilidad y su dominación natural sobre las mujeres.

*B. Violador que busca ganar confianza o por compensación*

En este tipo de violador, el ataque sexual es – sobre todo- una expresión de sus fantasías. En la gran mayoría de casos, y antes de producirse las primeras violaciones hay una historia previa de voyeurismo, exhibicionismo, fetichismo, llamadas obscenas, adicción a la pornografía, etc.

El núcleo esencial de su fantasía es que la víctima disfrutará de la experiencia con él, y que – incluso- podría llegar a enamorarse del agresor. Todo ello producto de una visión distorsionada de la "relación" agresor-víctima. Por ello, no es infrecuente que el violador pueda desear y proponer una entrevista posterior a la agresión. En algunos casos, el agresor sexual afirma que se ha visto obligado a cometer la violación, porque no tenía otra oportunidad de relación sexual con mujeres. Pero no porque él no tenga esa capacidad, sino porque no ha tenido acceso a demostrarlo.

### C. Violador "explosivo"

En este caso, la conducta sexual se expresa como un acto impulsivo, de carácter explosivo, que viene determinado por la situación y el contacto con la víctima. Y no por las fantasías alimentadas por el agresor, como sucedía en el caso anterior. La actuación delictiva surge del merodeamiento previo del agresor en busca de una mujer a la que explotar sexualmente. La verdadera intención del violador es la de forzar la sumisión sexual de la mujer, no importándole las posibles consecuencias sobre la integridad física y psíquica de la víctima.

### D. Violador "furioso"

La conducta sexual del violador es una expresión de rabia, dirigida hacia la víctima como representación del género femenino en su conjunto. En este caso, el objetivo primario es el desencadenamiento de su agresividad hacia ese colectivo. La agresión sexual puede reflejar la existencia de experiencias previas (reales o imaginadas) acumuladas en la vida del agresor, pero ello no es imprescindible. Es decir, no tiene porqué existir necesariamente una percepción de injusticia de la sociedad hacia el futuro agresor. La agresión puede desarrollarse dentro de un amplio abanico de posibilidades: desde el simple abuso verbal hasta el homicidio, pasando por la violación como instrumento de "castigo" dirigido específicamente al género femenino.

## E. Violador sádico

El comportamiento sexual del violador sádico es la expresión de fantasías de carácter agresivo-sexual. En realidad, ese comportamiento se muestra como una fusión –sin diferenciación entre ellos- de sentimientos sexuales y agresivos. Según esa interacción, conforme surge el estímulo sexual, aumenta el sentimiento agresivo y viceversa. El asalto sexual puede aparentar comenzar como un simple intento de seducción o de "juego" erótico, pero, conforme el agresor comienza a sentirse sexualmente estimulado, puede terminar en las formas más intensas de violencia sexual.

Su motivación primaria para el asalto es infligir dolor, lo que le dará la respuesta deseada de miedo y sumisión total. A diferencia del violador "furioso", la violencia de tipo sádico va normalmente dirigida hacia zonas del cuerpo de la víctima con clara significación sexual.

## F. Violador ocasional o circunstancial

Los tipos de violadores citados anteriormente suelen corresponder a la figura del violador que –repetidamente- comete una y otra vez este tipo de actos. Es decir, al violador en serie. Ello no quiere decir que el violador ocasional o circunstancial no pueda llegar a cometer más de un delito de este tipo, pero sí que suele actuar moviéndose más bien por factores situacionales que por las pulsiones inconscientes de alguno de los anteriores.

Puede moverse, más bien, entre las figuras del violador por satisfacción de poder y el explosivo. Influyen -sobre todo- en su conducta, una interpretación incorrecta de una serie de signos y actitudes de la víctima que toma como mensajes por parte de ella. Al no existir una motivación profundamente interiorizada hacia este tipo de conductas, y depender sobre todo de las circunstancias, su actuación es más bien ocasional que sistemática.

**4** LA VANGUARDIA

DOMINGO, 10 MARZO 1985

El juicio contra el supuesto autor de 34 agresiones sexuales en Barcelona tendrá lugar el próximo 8 de mayo

## La defensa del "violador del Eixample" solicita que sea absuelto, frente a los 759 años que pide la fiscal

La defensa de Francisco López Maíllo, acusado de 34 agresiones sexuales, casi todas ellas consumadas, ha solicitado la absolución del procesado, sosteniendo que no es responsable de los delitos que se le imputan. El juicio ha sido fijado para el próximo 8 de mayo, y la fiscal, que considera a López Maíllo autor de los hechos, solicita penas que totalizan 759 años de prisión.

La Sección Tercera de la Audiencia de Barcelona ha fijado para el próximo 8 de mayo la vista contra Francisco López Maíllo, como supuesto autor de 34 agresiones sexuales, la mayor parte de ellas consumadas. La defensa del procesado —a cargo de la letrada Ana Millé— ha entregado recientemente su escrito de conclusiones provisionales, en el que niega el relato de hechos de la acusación y sostiene que Francisco López Maíllo no es responsable de los delitos que se le imputan, por lo que

solicita que se dicte una sentencia absolutoria.

Estas peticiones de la defensa chocan, en principio, con la existencia de numerosas diligencias de reconocimiento en las que las víctimas de las mencionadas agresiones aseguran que López Maíllo es la persona que las abordó. La defensa, así, solicita también en su escrito que López Maíllo sea sometido a nuevos exámenes médicos —pide, en concreto, que le sea practicado un electroencefalograma por parte de un facultativo de

una conocida clínica privada de Barcelona—, con el obvio propósito de que se investigue si existe alguna circunstancia que pudiera atenuar o anular la responsabilidad de López Maíllo respecto a los hechos que se le imputan, si efectivamente se estableciera que es autor de aquellas agresiones.

Francisco López Maíllo está acusado de 26 delitos de robo con violación, cinco de robo y abuso deshonestos, tres de robo seguido de violación no consumada, un grado de tentativa, y cinco de robo con intimidación.

### Acusación particular

Además del Ministerio Fiscal —que en este caso está representado por una mujer, la fiscal Carmen Tagle—, comparecerá también en este sumario la letrada Magda Oranich, que ejerce la acusación

particular por designación de cinco de las víctimas. Esta letrada ha entregado asimismo su escrito de conclusiones provisionales, en el que solicita penas de 27 años de prisión por cada uno de los delitos de robo con violación consumados, y 14 por cada una de las violaciones. El primero de estos delitos, al unir el atentado contra la propiedad con la agresión sexual, agrava notablemente la pena. El robo con violación, en efecto, está sancionado con penas no graves como el asesinato, es decir, con una privación de libertad que puede oscilar entre 20 años y 1 día y 30 años.

Cuando en la perpetración del delito no existen circunstancias agravantes, no obstante, se suele imponer la pena en su grado mínimo, hasta 23 años. De ahí que sea ésta la solicitada por la fiscal, que equivale al máximo del grado mínimo que permite la legislación para ese tipo de delito. La acusación particular, sin embargo, eleva la petición hasta 27 años, que en cambio, el mínimo del grado máximo.

## La fiscal encargada del caso cree que la cadena de delitos hubiera sido menor de denunciarse antes

La fiscal encargada del caso, Carmen Tagle, cree que la cadena de delitos imputados a López Maíllo hubiera sido menor si las primeras víctimas hubieran presentado ante la correspondiente denuncia. "En general, existe una falta de información de las mujeres sobre qué deben hacer y cuáles son sus derechos si son víctimas de una agresión sexual", dice la fiscal, quien en el Juzgado tomó personalmente declaración a todas las denunciantes del caso.

La fiscal no culpa de nada a las no denunciantes, pero recoge el dato de que "si las mujeres hubieran denunciado antes, es posible que los hechos hubiesen podido

ser cortados de raíz". En cambio, si que sucedió fue que, al principio, llegaron al Juzgado algunas denuncias, en número inferior al de los delitos efectivamente cometidos.

### "Tenían miedo"

Carmen Tagle estima que existe una "falta de conciencia de la tupa para denunciar este tipo de delitos, además de una falta de información". "Si una mujer sufre una agresión de este tipo, tiene que ir al Clínico a que le hagan un reconocimiento, y con el informe dirigirse a comisaría. Ya sé que ello puede suponer pasar una ver-

güenza, pero hay que hacerlo. Algunas mujeres lo han pasado igual, un año después, al ponerse de manifiesto los hechos. Otras, por otro lado, parece que no denunciaron al principio por miedo, porque el agresor les decía que sabía dónde vivían, y que se vengaría si le delataban".

La fiscal opina que la vista debería celebrarse —como ha ocurrido tradicionalmente en los casos de delitos contra la libertad sexual— a puerta cerrada, "no por el procesado, sino por las mujeres víctimas de la agresión". "Yo no pienso insistir mucho en los interrogatorios —concluye—, pero quizás haya preguntas que en el caso de realizar en público".

### Nadie ejerció la acción popular en el sumario

Las peticiones de la acusación privada pueden tenerse en cuenta sólo en relación con las mujeres a las que representa, no respecto a las demás. En una representación particular, que atañe a las cinco mujeres que han designado a aquella letrada, no a todas. En este sumario, por otra parte, ningún particular, ha solicitado ejercer la acción popular.

### Pedido un electroencefalograma

No obstante, a falta de ese electroencefalograma pedido por la defensa, y su valoración, las conclusiones de los informes médicos realizados hasta ahora coinciden en que no existe en él "ningún tipo de trastorno que permita conceptuarlo como un enajenado".

Los médicos recogieron asimismo numerosos datos sobre su período infantil y adolescente, que

berá actuar en dos "fases": primero, examinar si es autor material de los hechos de los que viene acusado; segundo, si es realmente imputable, es decir, si nada hay en su estado mental que le impida conocer el alcance de su conducta. Respecto a lo primero, ya se dijo que hay en el sumario numerosas diligencias de reconocimiento, en las que las víctimas acusan a López Maíllo. Respecto a lo segundo, establecer una relación estrecha entre los diversos informes médicos, cuya conclusión global es que no padece ninguna enfermedad mental, pero sí un acentuado trastorno de la personalidad.

López Maíllo pasó en parte en un correccional. Allí "no llegó a adaptarse a las pautas establecidas, con constantes fugas y conductas antinormativas". Los informes siguen diciendo que la conducta sexual al servicio de una necesidades no sexuales, en el sentido de que perseguía una información personal y, al primer tiempo, actuaba en venganza "degradando y humillando a sus mujeres que, en general, no le han expresado exceso de afecto a lo largo de su vida". Su personalidad antisocial, dicen los médicos, le impedía que durante el período de los hechos fuera "consciente de lo que realizaba y tenía capacidad para discernir entre el bien y el mal".

**JOSE MARIA BRUNET**

## Para profundizar

Para profundizar 1

*1. ¿En qué consiste el método de aproximación?*

El método de aproximación se refiere a la estrategia del delincuente para acercarse a la víctima. Normalmente se describe como sorpresa, cuando el agresor se acerca a la víctima cuando está en un momento vulnerable; engaño, cuando el agresor se aproxima a la víctima empleando alguna estratagema o engaño para distraer su atención por unos momentos; o aproximación relámpago o súbita, cuando el agresor se acerca a la víctima e inicia de inmediato su ataque.

*2. ¿Qué es la Victimología y por qué es necesaria para el perfil criminológico?*

En la técnica del perfil criminológico la Victimología hace referencia al estudio de las víctimas de la delincuencia, es decir, personas que han sufrido daños, lesiones, pérdidas o la muerte. La víctima es un elemento esencial en el profiling, ya que es la última persona en presenciar el crimen. Si consigue sobrevivir, la información que puede aportar es de vital importancia; si muere, serán las evidencias de la escena del crimen las que tendrán que contarnos la historia.

*3. ¿Qué entendemos por "Modus Operandi" del delincuente?*

El Modus Operandi se compone de conductas aprendidas que pueden evolucionar y desarrollarse con el tiempo. Se podrá refinar, conforme el agresor tenga más experiencia, sofisticación y más seguridad. Pero también podrá perder facultades, siendo menos competente y hábil con el tiempo, debido a un deterioro del estado mental, o el aumento del uso de sustancias, como el alcohol y las drogas.

*4. ¿Qué entendemos por "firma" del delincuente?*

La palabra "firma" se utiliza para describir los aspectos distintivos de las conductas realizadas por los agresores que revelan sus necesidades psicológicas y emocionales. El aspecto general de esta definición representa los temas emocionales o psicológicos que el agresor satisface cuando comete el hecho criminal. La otra parte de la definición serían las conductas de la firma, que hace referencia a esos actos cometidos por un agresor que no son necesarios para cometer el hecho criminal pero que denotan las necesidades emocionales o psicológicas del delincuente, es decir, denotan esa motivación del aspecto general que antes hemos nombrado.

*5. ¿Cuáles son los diferentes tipos de escenas del crimen?*

La escena del crimen es definida como un área donde ha tenido lugar un hecho criminal. Sin embargo, un hecho criminal puede tener lugar en diferentes localizaciones, lo que puede dar lugar a diferentes escenas del crimen relacionadas con un mismo delito: el punto de contacto es el lugar donde el delincuente se aproxima por primera vez a la víctima.

La escena primaria es el lugar donde se interviene el mayor tiempo, y donde permanece la mayor parte de la evidencia física.

La escena secundaria es el lugar donde se lleva a cabo alguna parte de la interacción del delincuente y la víctima, pero no la mayor parte.

La escena intermedia es cualquier escena del crimen entre la escena primaria y el lugar del abandono del cuerpo. Y el lugar del abandono del cadáver, donde se encuentra el cuerpo.

**Para profundizar 2**

*1. Según el FBI ¿qué podemos entender como "asesino en serie"?*

Según el FBI, el asesino en serie sería aquel que mata a tres o más personas con un periodo de enfriamiento entre los asesinatos, en más de un lugar y diferentes escenas del crimen. Muchos autores discrepan en lo referente al número de víctimas, pensando que dos homicidios deberían bastar para calificar a alguien como asesino en serie, porque con la definición del FBI no se tiene en cuenta a aquellos asesinos que fracasan en sus intentos de matar o bien que tras cometer su primer crimen son detenidos.

*2. Según Holmes y De Burguer, ¿cuáles son las características del asesino en serie?*

Para estos autores, el elemento central es el homicidio reiterado; el asesino en serie mata y continuará matando si no se le detiene; en el asesinato en serie suele haber un solo asesino que mata a una sola persona cada vez que lo hace; no suele haber relación entre el asesino y la víctima; el asesinato en serie ocurre rara vez entre personas que se conocen personalmente; el asesino en serie está abocado al asesinato; no son típicos crímenes de pasión en el sentido convencional del término, ni la víctima en el desencadenante; la mayoría de los asesinos en serie suelen carecer de móviles claros.

*3. ¿Cuáles son algunas de las características de los asesinos en serie organizados?*

El rasgo principal del asesino en serie organizado es la planificación del crimen: son premeditados, nunca espontáneos. La planificación es fruto de sus fantasías que suelen desarrollarse y ampliarse durante años, hasta que explotan y se expresan abiertamente en forma de comportamientos antisociales. Las víctimas de los asesinos organizados son, generalmente, personas desconocidas y capturadas con mucho criterio. Normalmente el asesino vigila la zona, buscando a alguien que encaje con el tipo de víctima que tiene en mente. Como ya hemos comentado en temas anteriores, la edad, el aspecto, la profesión, el peinado o el estilo de vida son elementos que influyen en la elección.

*4. ¿Cuáles son algunas de las características de los asesinos en serie desorganizados?*

Los asesinos en serie desorganizados carecen de cualquier lógica normal, no seleccionan a sus víctimas de una manera "coherente". De hecho, a menudo, optan por víctimas de alto riesgo, a diferencia de lo que hace el organizado, que siempre escoge a su víctima por ser fácilmente controlable. El asesino desorganizado no suele tener conocimiento de la personalidad de sus víctimas, ni le interesan. No quiere saber quiénes son e intenta destruir su personalidad dejándolas inconscientes rápidamente, cubriéndoles la cara o desfigurándolas de alguna forma.

*5. ¿Qué tipo de asesinos serían los asesinos en serie orientados por el acto?*

Dentro de esta clasificación tendríamos dos tipos: Asesino en Serie Visionario, normalmente se trata de un psicótico que mata movido por alucinaciones visuales o auditivas que le ordenan hacerlo y el Misionario, que pasa desapercibido por su apariencia, pero que actúa con la "misión" de eliminar a ciertos grupos de personas porque cree que son malas para la sociedad.

**Para profundizar 3**

*1. ¿Qué características tiene un violador de tipo "explosivo"?*

En este caso, la conducta sexual se expresa como un acto impulsivo, de carácter explosivo, que viene determinado por la situación y el contacto por la víctima. Y no por las fantasías alimentadas por el agresor, como sucedía en el caso anterior. La actuación delictiva surge del merodeamiento previo del agresor en busca de una mujer a la que explotar sexualmente. La verdadera intención del violador es la de forzar la sumisión sexual de la mujer, no importándole las posibles consecuencias sobre la integridad física y psíquica de la víctima.

*2. ¿Qué características tiene un violador "furioso"?*

La conducta sexual del violador es una expresión de rabia, dirigida hacia la víctima como representación del género femenino en su conjunto. En este caso, el objetivo primario es el desencadenamiento de su agresividad hacia ese colectivo. La agresión sexual puede reflejar la existencia de experiencias previas (reales o imaginadas) acumuladas en la vida del agresor, pero ello no es imprescindible. Es decir, no tiene porqué existir necesariamente una percepción de injusticia de la sociedad hacia el futuro agresor. La agresión puede desarrollarse dentro de un amplio abanico de posibilidades: desde el simple abuso verbal hasta el homicidio, pasando por la violación como instrumento de "castigo" dirigido específicamente al género femenino.

## Contenidos complementarios

### Contenido complementario 1

La mayoría de los investigadores ubican el estudio moderno de la Victimología en las obras de Hans Von Henting y Benjamin Mendelsohn, donde establecieron las distintas tipologías de las víctimas y exploraron los diversos aspectos de la relación víctima-criminal.

### Contenido complementario 2

Citado en el libro Criminal Profiling, de Brent Turvey.

## Contenido complementario 3

De acuerdo con Douglas y Olshaker (1995, p. 69.) El perfilador americano John Douglas, agente especial del FBI y jefe de la Unidad de Ciencias del Comportamiento en la década de los 80, fue el primero en acuñar el término firma.

## Contenido complementario 4

El término original inglés es calling card o trademark, acuñado por primera vez por Keppel en 1995.

## Contenido complementario 5

Para una excelente referencia sobre este tema, véase Lee (1994), capítulo 6, "Searching for Physical Evidence" ("En busca de Pruebas Físicas").

## Contenido complementario 6

Tanto las especies que conforman las denominadas escuadrillas de la muerte que forman parte del proceso de destrucción del cadáver, como otros que simplemente puedan aparecer por el lugar de la escena.

## Contenido complementario 7

El número de víctimas requerido para ser considerado un asesino en serie ha variado según diferentes autores, desde dos hasta diez víctimas. La definición original del FBI planteaba dos o más homicidios separados, cometidos por el mismo delincuente. Fue en 1998 cuando cambió el criterio, y desde ese momento exige tres homicidios.

## Contenido complementario 8

Este hecho suele ocurrir con mayor frecuencia en los asesinos desorganizados.

## Contenido complementario 9

Profesor de justicia criminal de la Universidad de Illinois en Springfield.

## Contenido complementario 10

Esta categoría se correspondería con el asesino en serie psicópata.

## Contenido complementario 11

Esta categoría tendría su equivalencia en el asesino en serie psicótico.

## Contenido complementario 12

El porcentaje de los violadores que –en apreciación de la víctima- parecen encontrarse embriagados (o al menos algo bebidos), es de alrededor de un 20%.

## Resumen

Como podemos observar, los orígenes de la técnica del perfil criminológico datan del siglo XIX, siendo el caso del George Mestesky el que originó la primera publicación de un ejercicio de perfil de un delincuente desconocido. Finalmente, fue en los años 70 cuando esta técnica se afianzó en el FBI con la creación de la Unidad de Ciencias del Comportamiento.

**George Mestesky**

## Bibliografía

Borrás, L. (2002). Asesinos en serie españoles. Barcelona: Bosch.

Canter, D.; Wentink, N. (2004). An Empirical Test of Holmes and Holmes's Serial Murder Typology. Criminal Justice and Behavior, 31-489. Sage.

Douglas, J.E; Burguess, A.W; Burguess, A; Ressler, R. (2006). Crime Classification Manual. San Francisco. Jossey-Bass.

Egger, S. A. (1999). El perfil del asesino en serie y de sus víctimas. Actas de la cuarta reunión sobre biología y sociología de la violencia. Centro Reina Sofía para el estudio de la violencia. Valencia.

Garrido, V; López, P. (2006). El rastro del asesino: El perfil psicológico aplicado a la investigación policial. Barcelona: Ariel.

Garrido, V. (2012). Perfiles Criminales: Un recorrido por el lado oscuro del ser humano. Barcelona. Ariel.

Hare, R. D. (2003). Sin conciencia. Barcelona. Paidós

Holmes, R, M, y Holmes, S, T. (2002). Profiling Violent Crimes: An Investigative Tool. United Kingdom. Sage Publications Ltd.

Raine, A, y Sanmartín, J. (2000). Violencia y psicopatía. Madrid. Ariel.

Resler, R.K. (1999). La investigación del asesinato en serie a través del perfil criminal y el análisis de la escena del crimen. Actas de la cuarta reunión sobre biología y sociología de la violencia. Centro Reina Sofía para el estudio de la violencia. Valencia.

Resler, R.K, y Shachtman, T. (2003). Dentro del monstruo. Barcelona. Alba Trayectos.

Resler, R.K, y Shachtman, T. (2005). Asesinos en serie. Barcelona: Ariel.

Turvey, B. (2002). Criminal Profiling. Nueva York: Academic Press.